Histoires à la carte

Un tableau trop bavard

de Bernard Friot
illustré par Éric Gasté

À tous les enseignants,
avec ou sans pouvoirs magiques.
B. F.

trois fins de l'histoire "Amanda
at" et

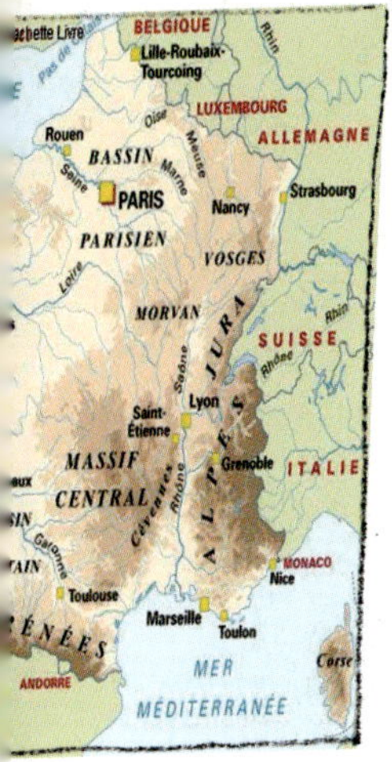

Voilà comment l'histoire commence :

Madame Demur écrivait au tableau les devoirs pour lundi : « Lisez les trois fins de l'histoire *Amanda chocolat* et… »

– Hé, retourne-toi vite, Yoann fait des grimaces !

Sans réfléchir, la maîtresse obéit. Et surprit Yoann, debout, qui roulait des yeux et tirait la langue à Malika.

– Yoann, où est-ce que tu te crois ? Au zoo ? Tu copieras cent fois : « Je ne dois pas faire le singe en classe. »

Puis, énervée, la maîtresse termina la phrase au tableau : « … et choisissez celle que vous préférer. »

– Ha, ha, ha, tu fais des fautes d'orthographe ! « Préférer », c'est « ez », pas « er » !

Mais qui avait parlé ? Chuchoté plutôt car, Mme Demur en était sûre, elle seule avait entendu. Elle se retourna prudemment. Les élèves étaient sagement penchés sur leurs cahiers, même Yoann.

– Alors, tu corriges ? Je déteste les fautes d'orthographe !

Encore cette voix ! Mme Demur fixa le tableau, effrayée. Pas de doute, c'était lui qui parlait. Elle se dépêcha de rectifier son erreur, puis frappa dans ses mains :

– Rangez vos affaires, les enfants, ça va sonner. Allez, vite, sinon je vous donne en plus des exercices de grammaire.

Les élèves ne se le firent pas dire deux fois. Ils entassèrent livres, cahiers et trousses dans leurs cartables et quittèrent la classe.

Restée seule, Mme Demur s'approcha du tableau. Elle se racla la gorge et dit tout bas :
– Hm, hm, c'est toi qui parles ?
– Bien sûr, répondit le tableau. Tu pourrais me remercier, d'ailleurs, je t'ai bien aidée tout à l'heure.
Mme Demur regarda autour d'elle, derrière le bureau, derrière l'armoire. Était-ce vraiment le tableau qui parlait ? Ou quelqu'un lui faisait-il une farce ? Non, il n'y avait personne dans la classe.
Un peu honteuse, elle bafouilla :
– Euh… oui… merci. Mais je ne comprends pas : tu es là depuis des années, et c'est aujourd'hui seulement que tu te mets à parler…

– Eh bien… disons que j'en ai assez de rester muet, voilà tout ! grogna le tableau. Et j'en ai des choses à raconter ! Je vois tout ce qui se passe dans la classe. Alors, si tu veux, et si tu es très gentille avec moi, je te donnerai un coup de main pour surveiller tes élèves, ces sales gosses ! D'accord ?

– Pourquoi pas ? répondit Mme Demur. C'est vrai qu'ils sont intenables, cette année…

Que s'est-il passé ensuite ? Voici ce que racontent certains :

... Je te donnerai un coup de main pour surveiller tes élèves, ces sales gosses !

Très vite, la vie devint infernale pour les élèves. Dès qu'ils chuchotaient ou passaient un petit mot à leur voisin, le tableau les dénonçait à Mme Demur. Elle voyait tout, entendait tout, même quand elle avait le dos tourné.

Et les punitions tombaient : verbes à conjuguer, poèmes à recopier, devoirs supplémentaires.

– Il faut faire quelque chose ! s'écria un jour Yoann à la récréation. C'est insupportable !

– Oui, dit Camille, c'est pas normal. Je me demande comment elle fait ; on dirait qu'elle a des yeux derrière la tête.

– Peut-être qu'elle a installé une caméra de surveillance, ou un truc comme ça, intervint Mourad.

En classe, ils observèrent la maîtresse avec attention. Malika remarqua que la maîtresse collait souvent son oreille au tableau ; et juste après, elle se retournait et punissait un élève. Même s'il n'avait rien fait.

– C'est le tableau qu'il faut surveiller, dit-elle à ses camarades. On dirait qu'il parle à Mme Demur.

– N’importe quoi ! dit Enzo. Un tableau qui parle, ça n’existe pas.
N’empêche, ils décidèrent d’en avoir le cœur net. Et le soir même, après les cours, Yoann et Malika retournèrent discrètement en classe. Ils entrouvrirent la porte et surprirent leur maîtresse en pleine conversation avec le tableau.
– Merci, tu as bien travaillé, aujourd’hui ! disait Mme Demur.

– Hé, hé, tu as vu ? Yoann, trois punitions aujourd'hui ! répondait le tableau d'une voix grave.
– Ah, oui, il est agité, ce gamin ! soupira Mme Demur.
– C'est dégoûtant ! chuchota Yoann. Elle nous fait espionner par le tableau ! Elle n'a pas le droit ! Je vais lui…
Malika lui mit une main sur la bouche.
– Chut ! Attendons qu'elle soit partie.

Ils se cachèrent sous l'escalier. Cinq minutes plus tard, Mme Demur passait devant eux. Dès qu'elle eut le dos tourné, Malika entraîna Yoann dans la classe. D'un pas décidé, elle alla jusqu'au tableau.
– Eh, toi, j'ai à te parler ! dit-elle.
– Qui t'a permis de me tutoyer ? répliqua le tableau.
– Pourquoi tu nous dénonces ? poursuivit Malika, pas du tout impressionnée. On ne t'a rien fait !
Le tableau resta un instant silencieux. Il se racla la gorge (si on peut dire), puis déclara :

– Je n’ai rien contre vous, mais je m’ennuie ! Vous croyez que c’est intéressant d’écouter les mêmes leçons depuis des années ? Conjugaison, grammaire, mathématiques, géographie, je connais tout ça par cœur ! Alors, pour me changer les idées, j’ai décidé de vous surveiller. C’est marrant.

Malika et Yoann se regardèrent.

– Écoute, dit Malika. Si tu connais les leçons par cœur, tu devrais nous souffler les réponses. Ça t'occuperait…

– Bof, grogna le tableau. Si c'est tout ce que tu as à me proposer… J'ai envie de m'amuser, moi !

– Je te propose un marché, dit Yoann. On te promet d'être gentils avec toi, de te chouchouter… Mais tu ne caftes plus, promis ?

– O.K., grommela le tableau, on peut essayer…

Le lendemain, avant la sonnerie, Malika et Yoann racontèrent toute l'histoire à leurs camarades. Maintenant, le mot d'ordre était : être gentil avec le tableau, le distraire, l'amuser.
Dès qu'ils entrèrent en classe, ils se plantèrent devant le tableau et, sans prêter attention à Mme Demur, ils lui dirent en chœur :
– Bonjour ! Comment vas-tu ?
Puis Malika le lava soigneusement.

Camille dessina une guirlande de cœurs de toutes les couleurs. Enzo lui chuchota une histoire drôle et Louise, en cachette, lui fit un bisou, tout doux.

Mme Demur n'osa pas intervenir. Elle comprit que les enfants avaient percé le mystère du tableau espion, et elle avait un peu honte. Enfin, elle frappa dans ses mains et demanda aux enfants de s'asseoir.

– Grammaire, annonça-t-elle. Le nom et l'adjectif.

– Oh non, protesta Mehdi, c'est ennuyeux. Pauvre tableau, il va s'embêter.
– Ah ouais, c'est vrai, grogna le tableau. J'ai une meilleure idée ! Dis donc, madame Demur, si tu nous racontais une histoire ? Mais quelque chose de drôle, hein !
La maîtresse s'empressa d'obéir. Elle lut une « Histoire au téléphone » de Gianni Rodari. Le tableau riait aux éclats, imité par tous les élèves. À la fin, il félicita Mme Demur, qui en rougit de plaisir.
Ça a l'air de bien se terminer, n'est-ce pas ? Alors, restons-en là, refermons la porte de la classe, et laissons Mme Demur lire une autre histoire.

Mais d'autres racontent tout autre chose :

… Je te donnerai un coup de main pour surveiller tes élèves, ces sales gosses !

– Bien sûr, ajouta le tableau, il y a une petite condition pour que je t'aide…
– Ah bon, s'inquiéta Mme Demur, quelle condition ?
– Oh, juste un détail, la rassura le tableau. Chaque soir, je te poserai une question et tu devras y répondre.
– Quel genre de question ?
– Eh bien, quel temps prévoit la météo, ou ce qui se passe en ville, des choses comme ça.
Mme Demur accepta, bien sûr. Elle aimait bien bavarder, et à l'école elle n'avait pas grand monde à qui parler.

Le tableau, dès le lendemain, monta la garde. Il signalait quand Sami dessinait au lieu d'écouter, quand Sarah bavardait avec Louise, ou quand Enzo glissait une limace dans le cartable de Mourad. Pauvres élèves, c'est à peine s'ils osaient encore respirer !

Au début, Mme Demur trouvait amusante sa petite conversation avec le tableau, le soir, après la classe. Il était vraiment curieux : il voulait savoir où elle achetait son pain, si elle buvait du vin, ce qu'elle faisait le dimanche après-midi.

Un soir, il demanda si la concierge ne fumait pas en cachette. Ensuite, il voulut savoir si Mlle Julié, la jeune institutrice du CE1, n'arrivait pas en retard, parfois.
Mme Demur répondit sans se méfier. Mais le lendemain, le tableau lui demanda :
– Raconte-moi ce que le directeur de l'école pense du maire de la ville. Il n'a pas l'air de l'aimer.
Mme Demur rougit.
– Ça ne te regarde pas, répliqua-t-elle sèchement.
– Oh si, ça me regarde ! gronda le tableau. Alors, parle !
– Non !
La maîtresse rangea ses affaires et s'apprêta à partir.
– N'oublie pas que tu as promis de répondre à une question par jour, lui rappela le tableau. Gare à toi si tu te tais ! Tu vas le regretter !

Mme Demur quitta la classe sans répondre.

Le lendemain, elle comprit très vite que le tableau avait mis sa menace à exécution. Au lieu de dire : « Asseyez-vous et prenez vos cahiers de brouillon », elle s'entendit prononcer :

– Aboyez-vous et pliez vos cahiers de brouillon.

Les élèves la regardèrent, étonnés, sans bouger. Et ce fut ainsi toute la matinée. Sans cesse, elle mélangeait des mots. « Un triangle a trois côtés » devenait « Un triangle a trois poupées » ; « Rangez vos affaires », « Mangez vos poussières ».

Mme Demur entendait dans son dos le tableau rire doucement. Quant aux élèves, la surprise passée, ils se mirent à s'esclaffer bruyamment. Quel chahut !

Le soir, Mme Demur rentra épuisée chez elle, sans avoir parlé au tableau. Ah non, pas question de répondre à ses questions bizarres, pas question pour elle de dénoncer ses collègues !

Cette nuit-là, elle ne dormit pas. Elle réfléchit. Échafauda mille plans. Et puis, au matin, elle se décida.

Elle réunit ses élèves dans la cour, loin du tableau (là, elle pouvait parler normalement), et leur avoua tout : le pacte passé avec le tableau, la surveillance qu'il effectuait pour elle, les questions qu'il posait.

Malika leva le doigt :
– C'est bizarre, dit-elle. Avant il ne disait rien, le tableau, et subitement il se met à tout cafter ! Ça cache quelque chose…
– Oui, il faut aller voir ! dit Camille.
Elle se précipita dans la classe, suivie de ses camarades et de Mme Demur qui s'époumonait à crier : « Mais attendez ! C'est peut-être dangereux ! »
Les enfants, peu impressionnés, inspectèrent le tableau sous toutes les coutures. Ils le frottèrent, le grattèrent, le cognèrent et… le chatouillèrent. Et c'est là que le tableau céda :
– Non, pas ça ! hurla-t-il en se gondolant de rire. Arrêtez, je dirai tout !

Et c'est une mystérieuse affaire qu'il dévoila alors : le maire de la ville surveillait les habitants de sa commune; il voulait tout savoir, tout contrôler. Il avait décidé d'installer des puces électroniques dans les écoles, dans les bus, mais aussi à la piscine, à la bibliothèque, aux carrefours, dans les cafés… Comme ça, il aiderait les instituteurs, les chauffeurs de bus ou les bibliothécaires à maintenir l'ordre, mais il en ferait aussi des espions à son service.

La classe de Mme Demur avait été choisie pour les premiers essais. Mais Mme Demur s'était rebellée.

Un grand silence se fit après ce récit inquiétant.

– J'en ai froid dans le dos, dit Mme Demur.

– Et où elle est ta puce ? demanda Yoann.

– Sous la tablette pour les craies et l'éponge, murmura le tableau.

Yoann la trouva sans mal et l'arracha.

– Aaaaaah ! gémit le tableau.

Puis il se tut. Définitivement.

Yoann, sans un mot, tendit la puce à Mme Demur.

Le lendemain, l'affaire éclata dans les journaux, à la télévision. Le maire préféra disparaître à l'étranger. On dit qu'il travaille maintenant, très loin d'ici, dans une fabrique de boules Quies.

Mais il existe encore une autre version de l'histoire :

... Je te donnerai un coup de main pour surveiller tes élèves, ces sales gosses !

Dès le lendemain, le tableau joua son rôle de chien de garde. Il procédait ainsi : quand un élève était indiscipliné, il inscrivait son nom au tableau avec une punition. Par exemple : « Malika copiera cent fois : *Je ne mets pas les doigts dans le nez.* » Ou : « Karim, exercices 6 à 12, p. 156, manuel de maths. »

Bien sûr, Yoann attrapa une punition dès le premier jour. « Yoann : dix tours de cour à reculons », écrivit soudain le tableau.

– Eh, ça va pas ! Il fait au moins quarante degrés à l'ombre, je vais attraper une insolation !

– Yoann ! hurla la maîtresse.

Et au tableau, « dix » fut remplacé aussitôt par « cent ». Cent tours de cour !

– Ça alors ! s'écria Yoann. C'est de la sorcellerie ! Le tableau écrit tout seul !

– Mais non, c'est moi qui ai écrit ! affirma la maîtresse qui, pourtant, était à trois mètres du tableau. Et maintenant, tu obéis ! Dehors immédiatement !

Yoann croisa les bras et, tranquillement, en regardant Mme Demur dans les yeux, il dit :

– Non !

Il y eut un court instant de silence, puis un nuage de craie, et, sur le tableau, on put lire en lettres immenses :

« Sale gamin ! Petit polisson ! Chenapan ! Galopin ! Sacripant ! »

– Oh, c'est rigolo, dit Mourad.

– Taisez-vous ! cria Mme Demur. Au travail !

Et le tableau la seconda. Nouveau nuage de craie et, sur la surface noire, des lettres en vert et bleu :

– Fermez-la, galapiats ! Au boulot, les marmots !

– Oh, c'est génial, applaudit Malika, il fait des vers !

Mme Demur se précipita pour effacer le message, mais le tableau était déchaîné. Quand elle effaçait un mot, il en écrivait trois. « Gare à vous, les marlous ! » « Je vous tiens, petits vauriens ! »

Alors, les enfants se mirent à répondre :

– Toi-même, énergumène ! cria Enzo.

– Tu m'épates, grosse patate ! lança Marie.

– Disparais, vieux balai ! s'exclama Karim.

Vexé, le tableau se mit à brailler :

– Punition générale !
Punition générale !

Affolée, Mme Demur courait d'un côté et de l'autre, en hurlant désespérément :

– Silence ! Silence !

Mais personne ne l'écoutait.

Ce fut la sonnerie qui mit fin au chahut.

Le lendemain, elle était absente.
– Votre maîtresse a eu une crise de nerfs, annonça la remplaçante qui était jeune et (très) jolie. Elle ne reviendra pas avant plusieurs mois. Je m'appelle Isabelle André, je suis sûre que nous allons bien nous entendre.
Derrière elle, le tableau marmonna :
– Attention, Mehdi se met un doigt dans le nez !
Mlle André ne réagit pas.
– Eh, tu es sourde ou quoi ? gronda le tableau. Donne une punition à Mehdi, il n'écoute pas.
– Tais-toi ! ordonna la remplaçante.

– Mais… voulut protester le tableau.

Aussitôt, Mlle André traça trois signes mystérieux sur le coin gauche du tableau. Et le silence se fit dans la classe.

Pendant toute la journée, le tableau resta muet. Les enfants étaient heureux. La remplaçante était gentille, amusante, active. Avec elle, on ne s'ennuyait pas, même la grammaire et l'orthographe devenaient intéressantes.

Le soir, quand elle se retrouva seule dans la classe, Isabelle André effaça les signes tracés sur le tableau. Aussitôt, le vieux ronchon se plaignit :

– Pourquoi tu m'as empêché de parler ? Je voulais t'aider à dresser ces sales gosses !

– Comment es-tu arrivé ici, toi ? demanda la jolie remplaçante. Je t'ai reconnu tout de suite. Tu es le génie Arispalumi, n'est-ce pas ? La dernière fois que j'ai entendu parler de toi, tu étais caché dans un feu tricolore et tu dénonçais les conducteurs qui passaient à l'orange.

– Ah oui, c'était amusant, soupira le tableau (ou plutôt : le génie caché dans le tableau). Mais je suis devenu allergique aux gaz d'échappement, alors j'ai trouvé refuge ici. Et toi, comment sais-tu qui je suis ?
– Ça, je ne te le dirai pas, répondit en souriant Mlle André.
En réalité, la jolie institutrice était une fée, spécialisée dans la chasse aux génies malfaisants. Elle était en mission pour débarrasser les enfants du tableau espion.
Elle sortit de son sac un petit livre. Toutes les pages étaient blanches.
– Je te donne une dernière chance, dit-elle au tableau. Promets-moi de laisser les enfants tranquilles.

– Jamais de la vie. J'ai horreur des mômes, je les déteste !

– Très bien, tu l'auras voulu ! dit Isabelle André. Elle tendit le livre devant le tableau, tourna rapidement les pages blanches qui, aussitôt, se remplirent de lettres et de dessins. Et quand elle le referma, le livre avait un titre, un nom d'auteur, un nom d'illustrateur, une collection, un éditeur et un prix. Et surtout une histoire : l'histoire d'*Un tableau trop bavard*.

Attention : si vous trouvez ce livre, ne le lisez pas jusqu'au bout, sinon le génie Arispalumi en sortira. Qui sait alors quels mauvais tours il jouera aux enfants ?

300, rue Léon-Joulin, 31101 Toulouse Cedex 9 – France
www.editionsmilan.com
Loi 49.956 du 16.07.1949
sur les publications destinées à la jeunesse.
Dépôt légal : 3e trimestre 2011
ISBN : 978-2-7459-3173-3
Imprimé en France par Pollina - L58000C